AF356638

EXPLICATION

DES DESTINEES DE

CARMANIOLLE SVR LA

naissance de Monseigneur
le DAVPHIN DE
France.

A leurs Majestez.

A PARIS,

Chez Pierre Seuestre, ruë du Paon, & Pierre Foucaut, pres l'orloge du Palais à
l'escu de Bourbon.

1601.

SIRÉ
I'eusse esté chatoüillé des plus seueres reproches de mon deuoir, & de ma promesse : si i'eusse laissé escouler ceste occasion si opportune sans m'en acquiter. Ie voudrois que le ciel me fauorisast tant, que ie peusse aussi bien vser de ma plume cóme i'ay de volonté, ie traçerois chose qui seroit plus digne que ceste-cy, d'estre presentée aux pieds de vostre Majesté. Ce sera lors que le Ciel, & vous (s'accordant à mon affection) me garderez fauorablemẽt. Ce qu'attendant, ie pri-ray l'Eternel vous donner autant de prosperité, & santé, comme vos peuples, & subjets vous en desirent : duquel nombre, ie prends la hardiesse de me presenter, pour vn des plus affectiónez & obeissans. *Laurus Corbeat,*

C. B. P. S. D. B.

SONNET.

L E labeur le plus grand que le vaillant Thebain,
Le fils d'Amphitrion ainsi disent les Poëtes,
Fut alors qu'il occit de sa vaillante main,
L'hidre beste Lernee, ayant au corps sept testes.

Prince dont la valeur sert aux François de frain,
Le labeur le plus grand de tes grandes conquestes?
C'est d'auoir deliuré d'vn Tauriste inhumain
Ta France qui tousiours n'aspiroit qu'en tes gestes.

Le vainqueur de Meduse, enfant de Iupiter,
Le Monstre surmonta qui se vint presenter
Pour manger Andromede, aussi par ta vaillance.

Tu as vaillant dompté le Monstre furieux
Qui venoit deuorer ta souhaitable France,
Qui auoit plus de chose cent fois qu'vn Argus d'yeux.

QVATRAIN.

Ne ventez des Gregeois, & des Troyens les armes,
Rome ne vente plus Cæsar ny ses gens-d'armes
Vn HENRY DE BOVRBON seul efface les faicts
Que les Grecs, les Troyens, & les Romains ont faicts.

A LA ROYNE.

Grand Royne,
Puis que par vous ce bon
heur, vient bien-heurer
nostre heureuse France.
Ie serois estimé ingrat estant vn de ses
nourrissons, si ie ne taschois à vous re-
mercier de la faueur qu'elle reçoit ce
jour, elle vous presente par moy ce
discours né de sa resioüissance, ensemble celuy qui sera tousiours vostre
tres-humble subject.

DES ASTRES
MON ESPOIR

D.B.P.

SONNET.

ASTRE sainct, & luisant, lumiere de no-
stre âge,
Parangon des beautez, seul miracle des
Cieux,
Du monde l'ornement, le Phare merueil
leux,
Qui conduis nostre nef en dépit de l'orage.

Soleil dont le Rayon dißipe le nüage
Qui souloit eclipser la clarté de nos yeux,
Beau Soleil dont les raiz vont éclairant les Dieux,
Außi bien qu'vn grand Roy du mortel heritage.

Pour toy tant seullement par tout cest vniuers
Ie vays donnant le vol à ces fragilles vers,
Excuse l'apreté de ma premiere Muse.

Quelque iour Appollon fauorisant mes vœux,
Pour chanter tes vertus à nos futurs nepueux :
Me donnera l'esprit au mestier qui m'amuse.

SONNET.

L IVRET si en vollant par tout cest Hemisphere
Tu rencontre quelqu'vn qui cruel enuieux
Te vienne brocarder, dis luy qu'il face mieux:
Ou s'il ne peut, dis luy qu'il se vueille vn peu taire.

Dis luy que ie n'ay faict cecy pour luy complaire,
Il suffit puis qu'il est agreable à mes yeux.
Non ie ne t'ay tracé par vn soing curieux :
Pour estre, & apparoir agreable au vulgaire.

Que si tu peux complaire à mon Prince, à mon Roy,
Qu'ils vomissent cruels leur enuieux esmoy
Ne laisse pour cela de courir par le monde,

Volle de l'Aquillon & de ses monts glacez,
Iusqu'aux monts de Midy du Soleil embrasez.
D'Atlas, iusqu'ou Phœbus sort le matin de l'onde.

NEC TVRBÆ
NEC IN TVRBAM.

SONNET.

QVELS tòns harmonieux ? qu'elle diuine lire
Poußee d'vn tel art chante si doucemont ?
N'eſt-ce le ſainɛt troupeau qui gracieuſement
Au naiſtre du DAVPHIN ja predict ſon empire ?

Non : c'eſt vn Apollon qui doucement ſoupire
Oubliant ſa Daphnè à ceſt aduenement,
Qui d'vn prophete chant melodieuſement,
La France cheriſſant ſon bon hœur vient predire.

Iadis le Mantouan ſainɛtement inſpiré
Des Phœbeans lauriers, predict l'âge doré
Lors que de ſon Auguſte il chanta la naiſſance :

Ce chantre maintenant pouſſé diuinement,
Nous predict d'vn Soleil l'heureux euenement,
Qui doibt tous les broüillars dißiper de la France.

QVATRAIN.

Quiconques ſois qui me viens lire,
Ne me lis point comme enuieux,
Si tu ne peux compoſer mieux,
Ie te pry' ne vouloir meſdire.

EXPLICATION DES DESTI-
NEES DE CARMANIOLLE, SVR
la Naiſſance de Monſeigneur le
DAVFIN de France.

A leurs Majeſtez.

E ne veux point môter enſuyuãt vne guide,
Par des chemins tracez deſur le mont Pho-
    cide,
I'ay le cœur trop enflé? Ie veux, ie veux
    monter
Par vn lieu non tenté, & braue rapporter
Cent tortils de laurier au ſommet de ma teſte,
Afin de demonſtrer mon heureuſe conqueſte,
Et du mont deſcendu d'vne tonnante voix
Eiouyr, eſgayer les valhureux François.
Ie veux, ie veux chanter de ce genereux Prince
Qui doibt eſtre recteur de la belle prouince
Ou les neuf doctes ſœurs preſident attendans,
Pour receuoir les loys de ce promis enfant.
Ie veux, ie veux chanter au grand peuple de Franc
Qu'vn DAVFIN eſt venu, lequel par ſa vaillance
Vn iour luy fera veoir qu'il eſt ſorti d'vn Roy,
Dont le nom ſeullement a faict trembler d'effroy
Ces mutins ennemis, & qui la deliuree
Par ſa grande valeur de ſa perte iuree

Explication

De tous ses ennemis, ses Tauristes meschans
Qui gastoient ses citez, ses villes, & ses champs.
Qu'il est sorti d'vn Roy, d'vn HENRY quatriesme,
D'vn HENRI de BOVRBON, dont la valeur supresme,
Estouffe la valeur de tous les valhureux,
Qui furent à iamais aux armes bien-heureux.

    Grece nous va ventant d'Achille la vaillance,
Troye nous va ventant d'vn Hector la puissance,
Rome son Empereur qui dompta les Gaulois,
Et nous allons ventant nostre Rolland françois.
Mais qu'ont faict tous ceux cy au pris de ses conquestes
Que ce puissant HENRY d'vn bras vainqueur a faictes?
Non ny Grecz, ny Troyens aux armes indomptez,
Ny Romains, ny François aux armes redoutez?
N'ont rien fait tous ensemble au regard de la gloire
De ce puissant HENRY qui apparoit notoire
A tous hommes viuans, qui voyent le Soleil
Soit au chault, soit au froid, soit au lict, ou someil.

    Mais ma muse ou vay tu par trop presomptueuse
Tu veux, tu veux tenter vne peine hazardeuse
Sans auoir nul support, vn Caribde Glouton,
Vn Capharé rocher! t'enuoyeroit chez Pluton
Auant que d'esencrer de ce plaisant riuage,
Asseurons d'vn Patron vn si loingtain voyage,
Ayons vn Commandeur & de bons Matelots,
Auant que d'exposer à la mercy des flots
Nostre debile nef, & puis sans nulle crainte
Nous donrons à ce mont possible quelque atteinte,
Nous y mettrons le pied, & bien que des derniers
Nous danserons au bal ainsi que les premiers.

    Roy deux fois couronné, monarque des monarques
Le vainqueur des vainqueurs qui as faict tant de marques
De ta grande valeur qu'à tousiours les François,
Te diront le premier en vertu de leurs Roys.
C'est toy que tout premier i'implore pour Pillotte

de Carmaniolle.

Pour conduire ma nef qui desia presque flotte
Sur les ingrats sillons de la profonde mer,
Laquelle ne pourra en t'ayant abismer.
Sois propice à mes vœux? Roy le plus redoutable
De tous les enseptrez de la terre habitable,
Dont la seulle valeur, & le nom seullement?
Aux plus superbes Roys donne epouuantement.

Et toy astre luysant qui esclaire la France,
Qui es son seul support, & sa reiouyssance,
Sa Royne, son bon heur? Ie me presente à toy
Tout ainsi que i'ay faict à ton espoux mon Roy.
Fauorise mes vœux, sois mon merueilleux Phare
Afin qu'en ce chemin pauuret ie ne m'esgare.

Et toy germe Royal qui plus que Galathé
Filz du puissant Hercul dois estre redouté,
Qui dois en ensuyuant les vertus de ton pere
Tenir non seullement toute ceste hemisphere?
Mais aussi celle la qui reçoit le someil,
Lors que l'autre reçoit les clartez du soleil.
I'implore ton secours, anime mon courage
Car par ton seul subiect i'entreprends cest ouurage.

Quels roche Caphareans, quel Caribde rocher,
Quels esceuils dangereux craindray-ie d'approcher
Ayant trois tels suppots? que l'esclatant Tonnerre
Sappe le fondement de toute ceste terre,
Que le Sud chaloureux, & le froidureux Nort
Auec leurs compagnons se mettent en discort,
Que Neptune couuant encor sa malueillance
Qu'il porte aux Phrigiens, de tous costez m'offence.
Et que la terre en fin se recule bien fort,
Afin que ie ne puisse à iamais prendre port
Ie ne m'en soucy point, ma nef est asseuree
De trois braues Patrons pour courir sur Neree.

Mais auant que passer plus auant (beaux esprits)
Qui des neuf doctes Sœurs auez esté apris

B ij

Explication

Dans l'autre Tespien, à iouer de la lire
A sçauoir fredonner, à sçauoir dessus dire
Les loüanges des Roys mettez la plume en main
Et si n'allez deuant suyuez au moins mon train.
Chantez Poëtes chantez puisque voicy le Prince
Cy long temps attendu pour chef de la Prouince,
Voicy ce chef promis qui doit faire estimer
Nostre mont, plus cent fois que n'ont faict estimer
Tous ses doctes ayeulx, qu'vne craincte coüarde
Veilliffant vos esprits de ce ne vous en garde.

 Et vous esprits malings engence de Demons,
Qui ne pouuez pouffer de fond de vos poulmons
Que rages, que fureurs contre nous qui ne sommes
Trompeurs, affacineurs, qui ne sommes point hômes
Mais qui sommes diuins, deuoillez-moy vos yeux,
Si long temps offusquez des bandeaux odieux
Que vous portez mocqueurs, quand les Dieux on offence
Tost ou tard on en sent la seuere vengeance.

 Esprits contredisans ennemis de repos
Ce coup ne vomiffez vos blasonnans propos,
Ou vous attaquerez non point moy, mais les guides
Qui ne font nauiger sur les eaux homicides
De vostre mocquerie, & vous refouuenez
Quels ils sont, & aussi les lieux que vous tenez.
Iupiter tient en main la tonnante tempeste
Dont il va puniffant la sourcilleuse teste
Des meschans, & pecheurs, & pour-ce gardez vous
D'exiter de ce Dieu le tonnerreux courroux.
Mocqueurs amandez vous, & plains de repentance
D'auoir tant offencé! faictes moy penitence,
Qu'elle eftoufe en la fin le nombre des forfaicts,
Que vous auez meschants contre les Poëtes faicts.

 Prenant le dernier point de la notable histoire
D'Hercul et Gallathée à tous humains notoire,
Ie donray le premier à mes fragilles vers,

de Cramaniolle.

Les faisant eclater par tout cest vniuers.
Ainsi comme i'ay dict le beau fils de Latonne
Qui au terme d'vn an tout ce rond enuironne,
N'auoit encor parfaict son œuure d'vnze mois,
Ny faict changer sa Sœur de face vnze fois.
Que la femme d'Hercule amoureuse feconde,
Ne fit à son enfant veoir la clarté du monde,
Bien heura son pays, son peuple contenta,
Et venant auec soy le bon heur apporta.

    Phebus aux cheueux d'or de sa belle lumiere
N'a point encor franchy d'vnze mois la carriere,
Depuis que mon grand Roy comme Hercul redouté
Par Hymen est conioint à la douce beauté
Dont les yeux vont brillant, & esclairant la France,
Qu'elle nous va donnant ceste resiouyssance,
Qu'elle faict veoir le iour à vn Prince, à vn Roy
Qui doit vn iour regir les François soubs sa loy.
Que dis-ie les François, Monstre, Monstre à trois testes,
Vn iour tu sentiras l'effort de ses conquestes:
Tu as, tu as desia esprouué la valeur
Du pere, garde toy du fils du tour vainqueur.

    Pense tu estre seulle Espagne soucilleuse
Qui dois flechir au iouc de sa main valheureuse?
C'est trop peu que ton Septre, il faut que tous les Rois
Des deux Polles contraincts flechissent soubs ses lois.

    Auguste successeur au Romulide Empire
Tenant tout soubs sa main, ayant bany tout l'ire
De Mars impetueux qui n'est point sans trauail,
De Ianus fit fermer le triomphant portail.
Ce Dauphin quelque iour ayant la main aux armes,
Chassant loing les assauts, les combats, les alarmes
Vainqueur de tout ce rond, le temple fermera
Et d'ire & de fureur ce Mars desarmera.

    Ne pense que ie sois vn homme qui desire
Flater la court des grands, & pour ce faire dire

Explication

Mille choses en l'air, pour gaigner par mes vers
Vn riche reuenu à mon ame peruers
Ie ne vay point beuuant de l'onde Castalide
Pour gaigner vn tel bien de mon ame homicide,
Ie n'en veux ny profit, ny guerdon receuoir,
Ce n'est point la le but de mon plaisant vouloir.
Mon plaisir seullement sera ma recompence,
Ie ne desire point estre veu par la France
Vn gros beneficier, qui est le plus souuent
Mais tousiours en la court plustost qu'en son couent,
C'est le temps du iourd'huy: ie n'ay point ceste enuie
De perdre en la façon & mon ame, & ma vie.
Ie t'aduertis afin que tu ne pense point
Que ce soit la le but de mon studieux soing,
Mon esprit est contant, & le damnable vice
D'auoir, ne sera point mon mortel precipice.
On ne me voit courir à la poste bien-fort
Afin de declarer la nouuelle du mort
Pour auoir conuoiteux son riche benefice,
Ny prier par mes vers la charge d'vn office.

    Or pour prendre le fil de mon laissé discours,
Et acheuer la fin de mon penible cours.
Ie diray que le fils d'Hercule & Gallathee
N'esclaua soubs le ioug de sa dextre indomptee
Qu'vne part de l'Europe, encor ne peut il pas
Maintenir le pays surmonté de ses bras.
Car Saturne n'auoit par deux fois trente annees,
De sa carriere veu les bornes destinees.
Que la sedition rampant dans son pays
Combla son chef grison, de mil & mil ennuys,
Qui en fin surmontant sa viellesse chenue,
L'enuoyerent la-haut en la celeste nue,
Laissant trois successeurs, qui hardis valhureux
Reduirent quantité de terre dessoubs eux.
    Non pas tant seullement d'Europe vne partie?

Ce Dauphin doibt tenir vaillant assuietie
Mais tout entierement. Ia ie voy les Flamans,
L'Ecosse, l'Angleterre, & tous les Allemans
Attachez à ses pieds, la Grece l'Italie,
Et bref, tout le circuit de l'Europe annoblie
Flechira soubs ses lois. Mais ce n'est point assez
De Lauriers triomphans à son chef enlacez,
Encor tout le contour de la riche Amerique
Sentira la valeur de son bras Heroyque,
Le superbe Othoman, & le nom de Turquois
Se verra surmonté & sans non ceste fois,
Cest Orient perleux, ceste Asie opulente
Se verra surmonter de sa dextre puissante,
Et bref pour faire fin, tout ce val terrien
Esclairé des rayons du puissant Delien
Veuf de sa liberté, abaissera la teste
Esclaue soubs la loy de sa grande conqueste.
Mais ayant dessoubs soy toutes ces regions,
Le veneneux discord, & les seditions
Les rages, les horreurs, & la cruelle enuie
Ne viendront point troubler le bon heur de sa vie.
Vn HENRI de BOVRBON son pere genereux,
Dissipera cy bien tous ces Seditieux
Comme desia plusieurs ont senti sa puissance,
Qu'ils redoubtront le fils tout pareil en vaillance.

    Quelque pauure euenté m'appellera menteur,
Dira que ie seray vn Courtizan flateur
Qui veux comme i'ay dict gaigner vn benefice,
Soubs vn subiect couuert d'vn manteau d'artifice.
Or ie veux faire veoir à tout pauure euenté
Que tout ce que i'ay dict contient la verité,
Et qu'à ma passion n'est serue ma parolle.

    Regardez mot à mot le petit Carmaniolle,
Vous trouuerez dedans qu'entre les puissans Roys
Qui tiendront en leur main le Septre des François,

Qu'vn se doit rencontrer? dont le valheureux péré
Abaissant des mutins la rage, & la colere
Doit son Royaume auoir, & vaillant le gaigner
Par la pointe du fer, cela vient tesmoigner
Que pour le seul Dauphin sont telles destinées,
Preuenès il y a vn grand nombre d'annees.

Sera-ce pas cetuy pour lequel tels destins
Se doibuent accomplir? les Tauristes mutins
Qui auoient de HENRI l'heritage occupee,
Ont esté deiettez du bout de son espee.
Il a gaigné son Septre au peril de son sang,
Mesmes (bien que grand Roy) tenant le simple rang
Quelquefois d'vn soldat, en donnant cognoissance
Qu'il n'estoit point vn Roy sans esprit, sans vaillàce.

Poursuyuons d'expliquer ce commencé destin,
Qui ne nous dira rien qu'vn faict du tout certain.

Lors que le sainct Prelat homme de saincte vie,
Iuste en ses actions, aura tres-grande enuie
De chasser par combat toutes religions
Contraires à la foy mille seditions
Venant des faux abuz de ceste Germanie
S'esleueront alors, & remplis de manie
S'attaqueront à luy, ils le dechafferont
De son siege ordinaire, & le possederont
En toute miquité ceste chrestienne terre
D'Italle se verra contraincte par la guerre
De ses fiers Allemans, de flechir soubs leur loy
Et laisser Iesus-Christ des Apostres la foy.
Ce Pape donc chassé par tant de violence
Se iettra dans les bras de la Chrestienne France,
Dans les bras de son Roy: tout le premier enfant
De la chrestienne Eglise, & siege triomphant.
Se iettra dans ses bras, luy demandant vengence
Comme à son seul support, de si cruelle offence.

On

ſ On ſçait que tous nos Rois ont eſté protecteurs
Du ſiege de ſainct Pierre, & touſiours deffenſeurs:
C'eſt pourquoy ce bon Roy d'vn martial courage
Mettant le fer en main, vengera ceſt outrage
Pourſuiuira ſi bien ces port-Aigles meſchans,
Qu'ils abandonneront les Romulides champs.
Remettra le Pontife en ſon ſiege ordinaire
Ainſi qu'auparauant, & pour tout ſon ſallaire
Vn tortil de laurier ſon frond couronnera,
Et vainqueur triomphant dedans Rome entrera
Proclamé des Romains, ſeul Empereur & Prince,
Protecteur, deffenſeur de toute la Prouince.

    L'Empereur Alleman fierement depité
Ne ſe trouuant en rien aſſez bien ſurmonté,
Preſumans trop de ſoy? d'vne audace orgueilleuſe
Ne ſe ſouſtenant plus de la main val-heureuſe
De ſon braue vainqueur, le ſourcil leuera,
Et ſon train commencé encor pourſuyuira.

    Temeraire Empereur penſe-tu que fortune
Bien veillant tes deſſeins ſe declaire importune,
A celuy qui la tient du tout à ſon vouloir,
Et qui ne peut ſans luy auoir aucun pouuoir?
Non non tu es deceu ton eſperance eſt vaine,
Tu doibs eſtre dompté de ce grand Capitaine,
Le ſuperbe Eſpagnol qui ſecours te donra,
Vn deſtiné mal-heur il t'acompagnera.
,, Encor eſt-ce beaucoup qu'auoir en nos miſeres,
,, Et en nos troublements, des compagnons, & freres.
    Doncques ce puiſſant Roy fauory des deſtins
Foulant d'vn pied vainqueur le chef de ces mutins
Si bien les preſſera, qu'ils laiſſeront les armes,
Et du tout ſurmontez plains de pleurs, & de larmes
Proſternez à genoux le viendront ſupplier,
De vouloir leur forfaict, & leur mal oublier
Que ſans plus faire rien vers luy de reſiſtance,

Explication

Ils se mettent vaincus soubs son obeïssance,
Qu'ils ne desirent rien que fleschir soubs les loix,
Et d'estre tous vassaux des val-heureux François.
    Or ce Prince bien né preferant la clemence
Aux extremes rigueurs d'vne rude vengence
Oubliera leur forfaict (miracle en vn vainqueur)
    Mais de son pere aussi il suyura la douceur?
Qui pouuant ruiner ses cruels aduersaires
Les laissa viure en paix, bien que trop temeraires
,, Ils l'eussent offencé. Au seul peuple François,
,, Appartient seulement d'estre nommé courtois.
    Cest exploict genereux animant le courage
De ceux qui estoient nez pour luy causer outrage,
D'vne commune voix pour Prince l'esliront,
Et d'vn laurier vainqueur son chef couronneront,
Qui sera pour ses faicts la couronne deuxiesme,
En attendant aussi l'honneur d'vne troisiesme.
Nous le dirons tantost, auant faut faire veoir
Que ie ne vay disant cecy sans le sçauoir.
    Ie crois que du profond de la froide Scythie,
Iusqu'aux derniers cantons de l'Affrique rostie,
Depuis le Gauge ondeux, iusqu'au superbe mont
D'Atlas emmontagné du Gorgonide front,
Voire encores plus loing, qu'aucune humaine oreille
Ne se treuue qui n'ait entendu la merueille
Qui n'aguere arriua dedans Rome : qui faict
Sans rechercher plus loing la preuue de ce faict,
Et bien qu'il soit à tous comme ie crois notoire,
Si veus-ie en refraischir maintenant la memoire.
    Vn pigeon poursuiuy d'vn Aigle rauissant
Qui l'alloit ja desia de ses ongles pressant
Comme ne pouuant plus luy faire resistance,
Se cacha, se tapit soubs l'ecusson de France
Qui est dessoubs les pieds d'vn Monarque François,
D'vn vainqueur triüphant, d'vn de nos sages Rois

Qui eſt ce Sainct Loys : duquel la renommee
Eſt ſans que ie le die, au monde aſſez ſemee.
Ainſi deſſoubs l'eſcu feut le pigeon ſauué,
Et du bec rauiſſant de l'Aigle preſerué.

Voila que ceſt d'auoir & prendre pour deffence
L'inuincible écuſſon d'vn Monarque de France,
Diray-ie la vertu de noſtre Lys François,
Aſtre du ciel donné pour armes de nos Rois.

Diray-ie que tous ceux leſquels d'vn ferme zelle
Se ſont mis & reduits ſous ſa ſaincte tutelle,
Ont touſiours ſurmonté leurs cruels ennemis,
Et du non ſeullement tout en deſordre mis.
Se ſeroit perdre temps, que dire les loüanges
Du Lys à nos Frvnçois, car meſmes les eſtranges
N'en ſont point ignorãs. Dõcques ſuyuãt mon cours,
Ie ne m'arreſteray plus long temps en diſcours.

L'Aigle fuſt par trois iours à l'ecuſſon de France
Attaché ſans pouuoir auec ſa violence
Eſchaper de ce lieu, & fut contrainct mourir
Au lieu ou il penſoit cruel faire perir
,, Ce pigeon innocent, tel autruy penſe prendre
,, Qui ſe voit à l'inſtant ſoy-meſme ſe ſurprendre,
,, Beaucoup d'entrepreneurs ſe treuuẽt bien ſurpris,
,, Pluſieurs tirent au blanc & ſi n'ont pas le pris,
,, L'hõme dans ſon cerueau maints effets ſe propoſe,
,, Et Dieu qui eſt la hault ſeul des effects diſpoſe.
Icare cheut en Mer, Phaeton orgueilleux
Lequel voulut regir le chariot des Cieux
Sentit du Dieu Iupin le foudroyant tonnerre,
Et les Geans auſſi enfans nez de la terre.
Nous n'irons point ailleurs des exemples chercher,
Nous en auons chez nous qui nous ont ſçeu toucher.

L'Egliſe & le pigeon ont pareille ſemblance,
D'autãt qu'ils ſont tous deux touſiours plains d'in-
Le Pape cõme chef, eſt pris pour ceſt oyſeau (nocẽce.

Explication

Celuy-là qui rauit le Troyen au berceau
Demõstre l'Empereur, l'Aigle est la seulle marque
Par laquelle l'Empire, Alleman se remarque.

Quelque plus graue esprit tout ainsi qu'il sçaura
C'est accident venu il le racontera
Peut-estre mieux que moy, qui voudra mieux ba-
Le peu d'âge que i'ay auec ceste sçience   (lance
Ie croy qu'il trouuera à tout le moins mes vers
Cappables de courir par tout cest vniuers.
Chacun fait ce qu'il peut & nõ ce qu'il veut faire,
Chacun fait de son bien tout ce qui luy peut plaire.
Ie fais ainsi du mien, le lise qui voudra
Il me plaist il ne chault à moy qu'on en dira.
Qui voudra lire mieux s'il le peut qu'il le face,
Il m'est indifferent d'auoir blasme ou la grace
De plusieurs du iourd'huy, pour l'amour de mõ Roy
Et du Prince venu, ie mets hors d'auec moy
Ces vers tant seullement, & non pour vn vulgaire
A qui ie ne veux point en escriuant complaire.
Me lise qui voudra ie ne vay escriuant
Que pour mon seul plaisir, & non point autrement
Bien ou mal, ie le veux. Aucuns me venant lire
Diront que ie ne dois ainsi parler & dire,
M'appelleront ie sçais superbe audatieux,
Mais ie veux estre tel enuers les enuieux.
Ie ne crdins leurs brocards cest mõ vouloir d'l'estre,
Ie veux audatieux à tels hommes paroistre.
C'est mon plus grand deduict de les faire parler,
Ie prens vn grand plaisir de me veoir controller
De gens qui ne sont pas dignes qu'on les controlle,
„ Au gens de bien, n'est rien l'enuieuse parolle.
Leurs enuieux brocards ne peuuent m'offencer.
D'effect, non de propos ils deuroient s'auancer
De dire deuant moy les enuieux vacarmes
Qui vomissent sur moy, vituperables armes

de Carmaniolle.

Pour combatre vn constant) ie leur satisferois,
Ie les rendrois contans en ce que ie pourrois.
,, Mais quoy l'hõme remply d'vne mordante enuie
,, Traine vituperable vne ignorante vie,
,, Iamais l'homme d'esprit ne va blasmant autruy,
Chacun faict ce qu'il peut ce n'est point mon ennuy.
Quils inuoquent le ciel, & la rouge tempeste
Constant tousiours i'iray haussant, leuant la teste.
,, L'homme constant ne peut redoubter nul danger,
,, Encor qu'il vit à l'œil tout le monde changer.
,, Qu'il vit tout ce Cahos d'vne forme difforme,
,, Prendre confusément sa precedente forme
,, Il n'aura iamais peur, non mesme si la mort
,, Luy faisoit desia veoir l'Acherontide port.
    Mais cest trop remué vne telle matiere,
Des long temps elle deut estre mise derriere
Aux pechez oubliez, donc ie la laisseray
Et à mon dernier point ie recommenceray.
    Vous qui voyez le fils de la belle Latonne
Quand il sort de son lict & vous auquels il donne
Sa derniere lueur, pour se ietter és bras
De la bleuë Thetis de son voyage las.
Vous qui viuez desus Scrimon remply de glace,
Vous qui auez à plomb la Delienne face
Entendez mes discours, oyez peuples oyez
Vn cas tout merueilleux, & en tout le croyez.
Ie ne sçay ou ie suis, ie ne sçay si Neree
Me tient au plus profond de sa plaine azuree,
Ie ne sçay si les vents me supportent par l'air,
Si la terre me tient, car ie ne puis parler.
Ie m'y force pourtant, & tant plus ie m'essaye
De parler, & tant plus sans parler ie begaye.
Que veut dire cecy, tant plus ie vay auant
Et tant plus, & tant plus ie me vois begayant?
Mon subiect est trop grand, & ma cource trop lente

Sans secours, pour gaigner ma fin, mon Atalante.
Il faut auoir secours encor vne autre fois,
De mes graues patrons en ses prochains abois.

Astres qui iusqu'icy en despit de fortune
Et des cruels efforts de l'indigne Neptune,
M'auez sages conduict, ne me delaissez point
Car c'est a ce coup-cy que i'ay de vous besoin.
Roidissez vous aux flots qui viennēt plains de rage,
Afin que maintenant ie face vn grand naufrage
Desia proche du port, ou ie veux arriuer.
Il est astres en vous ores de me sauuer
Des escueils dangereux dont la cruelle eschine,
Veult arrester du tout ceste cource marine.

Mon Prince, mō support prens mō timon en main.
Royne vais esclairant mon voyage marain.
Et toy DAVPHIN, venu, pour gouuerner la trouppe
Des Muses habitans la Pegaside crouppe,
Prens garde ie te pry', & ne laisse abismer
Ma nef (faicte en ton nom) au profond de la mer,
Ie vais dire l'effect de ta tierce couronne

Qu'est-cecy ia ma voix en mon gosser bourdonne,
Tout en vn coup ie veux tous ses faicts étonner
Et par mes vers enflez tiercement couronner
Au sainct mont de Sion mō Prince mō Monarque?
Sion de tous ses faict la plus notable marque,
I'apperçois seullement mais de bien loing le bort.
Et ia desia ie veux ietter mon ancre au port.
Il n'est encores temps de parolle en parolle,
Consultons tous les poincts du petit Carmaniolle.
Apres que ce grand Roy aura mis soubs sa main
(Ainsi dict ce liuret) tout le peuple Germain,
Tandis qu'il viendra veoir son beau pays de France
L'Empereur des Turquois auec vne puissance
Plus grande que iamais d'vn enragé courroux
S'en viendra degorger, ses tonnerres, ses coups,

Ses depits, ses debats ses fureurs, sa tempeste
(Mais trop mal conseillé) contre la saincte teste
De l'Eglise Christienne, acte presomptueux
Qui ne peut euiter le bras tempestueux
De son espoux aymé, qui de sa saincte Eglise
N'endure aucunement la totalle surprise.

Le Pontife Romain en son siege remis,
Cognoissant la fureur de ses fiers ennemis.
Cognoissant la valeur de celuy qui n'aguiere
La vaillant restably en sa chaire premiere,
Cognoissant que le ciel fauorise ses veux
Luy dira le peril, & le mal dangereux
Ou le siege se voit, & que puis que fortune
Luy a tousiours esté en ses faicts opportune,
Que Dieu la fait tousiours des ennemis vainqueur,
Qu'il ne doibt à ce coup épargner sa valeur,
Pour chasser ces meschans. Luy duquel le courage
Rien ne respirera qu'vn martial ouurage,
Si tost acceptera ce party, & vaillant
Il yra pour tenir teste a cest assaillant.

C'est grãd cas que le nom seullement Roy de Frãce
Porte quant é quant soy tant & tant de puissance,
Qu'il donne la terreur, & l'épouuentement,
A ceux qui contre luy s'adressent follement.

Le camp de l'Empereur, & celuy de ce Prince
Apprestez pour donner ja leur premiere pince
Se doibt faire vn grand cas, c'est que cest Empereur
Auec tous ses soldats ayant aucune peur
De perdre le combat, sans venir à la prise
Enuoyra demander de combatre remise,
Iusques au lendemain. ô supresme bonté,
O douceur, ô clemence, ô gratieuseté
Digne vrayement d'vn Roy. Vn Roy qui peut def-
Les forces aysément de son fier aduersaire   (faire
Luy donner du delay, au seul peuple François,

Explication

,, *Comme i'ay dict conuient d'eſtre nommé courtois.*
   L'amante de Cephale amoureuſe courriere,
N'aura cy toſt fait voir vn raiz de la lumiere
Du puiſſant Delien quand il ſort de ſes eaux
Afin de commencer ſes iournalliers trauaux,
Qu'auſſi toſt ſera preſte, & l'vne & l'autre armee
A commencer l'effort de leur haine animee.
A l'heure les deux chefs animant leurs ſoldats
A ne redouter point les dangereux hazarts
De Mars rempart du ciel, à qui ne peut ſuffire
Le carnage, le ſang pour aſſoupir ſon ire.
Touſiours impetueux il a l'eſtoc en main,
Afin de contenter ſon deſir inhumain.
Apres les auoir mis chacun en ordonnance,
Leur ayant mis au cœur la vertu, la vaillance
Les abandonneront à la mercy du ſort,
Ou pour eſtre vainqueurs, ou recepuoir la mort.
Ie ne veux m'amuſer à dire d'auantage
D'effects particuliers, ie veux finir langage.
Il ſuffit de conter & dire ſeullement
Que le camp d'Othoman prendra l'eſtonnement
Qui l'auoit ja ſaiſy, ſi que par vne fuitte
Il voudra ſe ſauuer, mais ſi viue pourſuitte
Sera faicte ſur luy qu'il ſe verra contraint,
De ſe ſauuer tout ſeul voyant ſon camp éteint.
On ſçait que peut auoir vn tel chef de puiſſanc,
Combien de gens il a pour faire reſiſtance,
Combien de nations, de Princes & de Rois
Flechiſſent ſurmontez ſoubs l'aigreur de ſes loix
Qui doiuent l'aſſiſter, ſe ſeroit (que de dire
Toutes les nations qui ſont ſoubs ſon Empire)
Du temps du tout perdu, difficille eſt ſçauoir
Quel eſt d'vn Empereur des Turquois le pouuoir.
Mais baſte tel qu'il ſoit, & qu'il doibt lors paroiſtre
Pourtãt trouuera-il ſon vainqueur & ſon maiſtre

Oui

de Carmaniolle.

Qui auec peu de gens ſi bien le preſſera,
Que malgré ſes efforts il le dechaſſera
De ce qu'il tient d'Europe, & pourſuyuãt ſa pointe
Il rendra ſon pouuoir, & ſa valeur eſteinte:
Il le deſpoüillera de tant de digniteℤ
Qu'il aura deſſus luy, reprendra les citeℤ
Qui contrainctes auoient adoré ſon Prophete.
Prophete qui laiſſant la poſtoralle houlette
Auec vn renegat, compoſa l'Alcoran
Pour regir, gouuerner le grand peuple Othoman.
Ainſi doncques ce Roy finiſſant ceſte guerre
Finira les tourmens de ceſte ſaincte terre.
Paiſible elle prendra ſon ancienne foy,
N'ayant qu'vn Dieu, qu'vn Roy, qu'vne foy, qu'vne loy.
Ie me vois ia deſia au bout de mon voyage,
J'apperçois & de pres ia deſia le riuage,
Le riuage aſſeuré, ſus, ſus auant chargeons
Maintenant coup ſur coup nos foudroyants canons
Et tirons mille coups, pour demonſtrer la ioye
Qu'auons de ja toucher le but de noſtre voye.

   Eſtans doncques vainqueur de tant de regions,
Tenant deſoubs ſon jouc toutes ſes nations
Fermera de Ianus la porte furieuſe,
Acte qui ne prouient que de main valheureuſe.
Alors tout eſtant coy ſoubs ſes grandes valeurs,
Laiſſant de ſon eſtoc quatre grands ſucceſſeurs
Sur le mont de Sion il aura la troiſieſme
Couronne, le loyer de ſa valeur ſupreſme.

   Or qu'il ne ſoit ainſi, l'Egliſe tient pour ſeur
Qu'en l'an ſix cens & mil, auec plus du Seigneur
Lequel nous rachepta de la flame gloutonne
Et des cruels tourments du creux de Perſephone,
Par le prix de ſon ſang qui fut tout eſpandu,
Et ſon corps Innocent ſur la croix eſtandu
Pour nos meſchantctez. Sa loy tant pourchaſſee

Explication

Par les Iuifs inhumains, debuoir eſtre embraſſee
D'eux tous, & du pays ou ils firent ſouffrir
Le Seigneur qui voulut pour nos forfaits mourir.
Pour tous nous rachepter de la fiere puiſſance
D'enfer, ou nous pouſſoit noſtre cruelle offence.

    Ceſte conuerſion ne ſe fera iamais,
Que par l'effect heureux d'vne eternelle paix.
En regardant le temps d'vne telle creance,
Nous pourrons ayſement auoir la cognoiſſance
Que bien-toſt ce fera ceſte conuerſion,
A l'honneur, & profit de la Religion
Catholique de Chriſt. Conſideré les termes
Dont vſe Carmaniolle, & auec les embleſmes
Cachees ſoubs ſes mots? clairement on verra
Que pour ce ſeul Dauphin ceſte gloire ſera.
Et ſi plus amplement en la fin il declare?
Que ce Roy doibt ſortir de l'eſtoc de NAVARRE.
Encor oultre cecy qui faict veoir ayſement
Que ce deſtin ſ'entend pour luy certainement,
On trouue ſur le nom de ſon valhureux pere,
Conioint auec le nom de ſa feconde mere?
Que de leur ſainct hymen il doibt ſortir enfant,
En bon heur, qui ſera du monde triomphant,
Prince, & ſeul gouuerneur des filles de Memoire.

    Auquel ie vay ſacrant de ma cource la gloire.
Or voyla le ſubiect que i'auois à chanter,
Voyla ce que i'auois aux François à compter
Quel ſera ceſt enfant, qu'on liſe Carmaniolle
Et lors l'on cognoiſtra ſi vraye eſt ma parelle.

    Mon vaiſſeau bien chargé de trophees, de gloires
Ne m'encre le premier à ceſt auenement,
Il eſt beau de chanter vn reſtabliſſement,
Mais il eſt beau chanter quant é quant les victoires.

Liſez au dernier vers du 1. Sonnet chefs pour choſe,

SONNET.

Rriere loing d'icy ceste confuse tourbe,
Dōt le pipeur jargō feint liredās lescieux
Ils tachent d'abuser par l'oreille nos yeux,
En deceuāt nos sens par mainte, & mainte fourbe.

Tout ce qu'Atlas soutiēt sur son eschine courbe,
D'astres, de mouuemens, de flambeaux radieux
Ne leur font incognus, ils espient les Dieux
En leur Ciel figuré, dans leur fangeuse bourbe.

Ces Phaetons nouueaux cognoissent tout le ciel,
Et ne peuuent fuyr de leurs iours le fiel,
Mais tout ce qui ce peult par l'effect de nature

Sagement rapporter aux humains accidens?
Cetuy le faict icy parestre d'vn tel sens,
Qu'il passe en deuinant l'humaine creature.

SONNET.

Velle fureur diuine?hé quel docte lāgage
Quels chants melodieux ? quels prophe-
tiques sons
Quel Orphee nouueau, d'interpretes chansons
Augure de tant d'heurs le bien hureux presage.

Le petit Carmaniolle, ains ce tresgrand ouurage
Diuersement obscur en diuerses leçons
Par ce liure esclairci predit en cent façons
Du monarque naissant l'inuincible courage.

Ses faicts seront tresgrands , & son nom glorieux
Sur l'aisle de ces vers trauersant mille lieux
Courra du bort Indois iusqu'au riuage Moré.

Heureux Meonien puisqu'vn Achille tel
Est l'obiect de ta Muse heureux Achille encore
D'auoir vn tel honneur pour le rendre immortel.

ANNAGRAMME.

CATHERINE SCELLES.
TV. RENS LE CIEL CHASTE.

Stances.

L E Ciel est tout forcé, Venus & son enfant
Ont perdu leur pouuoir, leurs trop lubriques flames
Chaste belle tu vas Catherine estoufant,
Par les attraicts mignarts que tu pousse en leurs ames.

Jupin qui porte en main le foudre furieux
Estoit tout impudic, Mars, Appollon, Mercure,
Phœbus aux cheueux d'or, & bref tous les haults Dieux
Portoient dedans le cœur l'impudique pointure.

Il est à tous certain que Iunon & Pallas
Ont flechi soubs l'amour & sa flame lubricque,
Diane pour vn don se mit dedans les bras,
Du Dieu, bouc par les pieds de nature impudique.

Les demy-Dieux sortis de l'estoc immortel
Tombez dans mesmes lacqs, & guettez par Cyprine
Trop impudiquement ont esté d'vn dart tel,
Gesnez & tourmentez au fonds de la poictrine.

Les Dieux & demy-Dieux regardant ces bas lieux,
Soulez de la beauté de leurs diuines femmes
Ont esté surmontez de l'esclair de tes yeux,
Lequel a chaste esteint leurs impudiques flames.

Chaste te contemplant, & ta douce beauté,
Et mesme amour vaincu par ta mignarde œllade
Amoureux, a perdu sa grande authorité
Chastement deuenu de ton amour malade.

Se ciel donc par tes yeux est chaste deuenu,
Amour logé dedans ne recherche autre place :
Luy qui surmontoit tout de sa puissance nu,
Reçoit la loy de toy, & se plaist en ta face.

Par tes yeux seullemen til n'eslance ses darts

Stances.

Chastement eguisez sur ton sein Catherine
Dans le ciel amoureux, mais ses dartz, tes regartz
Surmontent chastement toute humaine poictrine.

Ton nom le porte ainsi, le ciel chaste tu rens.
Tous Dieux pour ta beauté endurent de la peine,
Et si non seullement aux Dieux tes rets tu tens,
Mais tu les tens aussi en la terrestre plaine.

O bié heureux le Dieu, ou bienheureux l'humain
Qui a l'hœur de te veoir, & plus heureux encore
Cil qui aura cest hœur que de baiser ta main,
Qui toute liberté par sa beauté deuore.

O Dieu cent fois heureux, humain cent fois heu-
Qui s'aprochant de toy obtiendra ceste grace (reux
Que de se remirer en l'esclair de tes yeux,
Qui chaste autre clerté fier chastement efface.

Heureux le Dieu cét fois heureux l'humain cent
Qui vn coup baisera tes leures coralines,   (fois
Ceste bouche d'où sort ceste charmeuse voix,
Qui rauit tous les sens par paroles diuines,

Ah dire ie ne puis combien le Dieu, l'humain
Seroit de fois heureux ô chaste Catherine
De baiser vne fois ton chaste & poly sein,
Qui surpasse celuy de la belle Ericine.

Tout autant que le ciel nous liure de flambeaux,
Tout autant que d'oyseaux l'air aux humains deserre,
Tout autant de poissons qui noüent dans les eaux,
Tout autant de moissons qui sortent de la terre.

Tout autant qu'il y a de fueilles dans les bois,
Tout autant qu'il y a de sable sur la rade
De la perce Thetis, voire plus mille fois.
Ie dis heureux l'amy que douce tu regarde.

Plus heureux ie diray cent mil & mille fois
Soit le Dieu, soit l'humain lequel par mariage
Se ioindra pres de toy. Ie sens rauir ma voix,
Bell eik ne sçaurois escrire d'auantage.

SONNET.

Ienne le temps paßé ou l'humaine nature
Ce changeoit bien ſouuẽt par le vouloir des dieux,
Que ſi ce temps venoit que ie ſerois ioyeux,
De pouuoir eſchanger mon humaine figure.

Amour mõ puiſſant Dieu cõtre qui nul ne dure
Soulageroit mes ſens, & me rendroit heureux.
Sans ceſſe nuiſt & iour ardent deuotieux
Ie le prirois changer mon corps qui trop endure.

Mais quoy en quel ſubieſt me voudrois-ie chãger
Afin que mon tourment ie peuſſe ſoullager?
En papier, pour autant que ceſte Catherine

Luy en faiſant preſent ou i'auois mis ces vers,
Le mit pour le garder ſur ſa blanche poiſtrine?
I'y ſerois, ſi venoit ceſt accident diuers.

SONNET.

Ncores que tu ſois abſente de mes yeux,
Si eſt-ce que tu es touſiours à moy preſente,
Et iamais de mes yeux ta beauté n'eſt abſente,
Soit de nuiſt, ou alors de la clarté des Cieux.

Non, non ie ne ſuis pas moings de toy deſireux,
Que quand i'eſtois pres toy, & mon ame conſtante
Vit eternellement en ceſte douce attente,
Reduit touſiours mon cœur vers toy deuotieux.

Vſe de la rigueur, ou bien de la clemence,
Si ne pourras-tu pas esbranler ma conſtance,
Rigueur chaſſe l'amour, clemence, faiſt meſpris.

Si eſt-ce qu'ils n'auront iamais en mon cœur place
Touſiours i'honnoreray les beautez de ta face,
Et tu ſeras touſiours premiere en mes eſcripts.

STANCES.

Vous heureux qui deſoubs la carriere
De mon Soleil alleʒ paſſant vos iours,
O vous heureux qui regardant ſon cours,
Eſtes toucheʒ de ſa claire lumiere.

O Bayeuſins que ie porte d'enuie
A ce bon heur qui compagne vos ans,
Qui iouyſſeʒ des deux aſtres luyſans
Qui bien qu'abſens, triomphent de ma vie.

Bien que ſoyeʒ de ſes lumieres belles
Ennamoureʒ, & pres de leur clarté,
Autant que vous mon cœur eſt tourmenté
(Encor que loing) de peines eternelles.

Droict deſſus vous ma Delienne face
Faict ſon ſejour, c'eſt ſon cercle ordonné,
Son Zoːiaque, & ſon chemin dõné,
Qui loing de vous toute froidure chaſſe.

Viueʒ heureux, & qu'à touſiours vos ames
Sentent l'ardeur qui ſort de ſes beaux yeux,
Et ne laiſſeʒ en vn fleuue oublieux
Iamais plonger vos amoureuſes flames.

Viueʒ touſiours deſoubs ce Zodiaque
Ne l'eſlongneʒ, e peur que comme moy
Vous ne ſentieʒ vn eternel eſmoy,
Que par ces vers ie vous montre, & vous marque.

Mais bien qu'abſent touſiours touſiours mon ame
S'eſchaufera de ſa diuine ardeur,
Iamais l'oubly, ny l'ingrate froideur
Ne chaſſeront mon amoureuſe flame.

SONNET.

QVE sert il de monter au sommet de Phocide
   Et caroller au bal des neuf pucelles Sœurs,
Que sert-il de puiser les plus douces douceurs,
Que l'on puise beuuant de l'onde Castalide.

   Que sert il reuenu de ce haut Pegaside,
Ou chanter de Cypris les ameres douleurs
Ou d'vn son cothurné les tragicques fureurs
Ou le carme heroiq, ou le poëme fluide.

   Puis que pour tout loyer de nostre saincte vois,
Nous ne receuons rien mesmes de nos François
Que des propos criards, remplis de mocquerie.

   A Dieu donc Apollon charmeur de mes trauaux,
N'enflamme plus mon cœur de ta saincte furie,
Ie n'iray plus lauer mon chef dedans tes eaux.

AVX MVSES.

SONNET.

I.

ET vous Muses à Dieu belle trouppe sacree
   Qui m'auez si long temps nourry dans vostre bal,
A Dieu ie vay quittant vostre contour Nymphal,
Ie n'iray plus vous veoir sonbs la tarde seree.

   A Dieu pour tout iamais belle Bande honoree,
Ie n'iray plus lauer mon chef dans le canal
Qui sourdit lentement d'vn des pieds du cheual
Qui suportoit le fils d'vne goute doree.

   A Dieu pour tout iamais mon seul bien, mon sejour,
Mon plaisir, mon deduict, ma ioye, mon Amour:
Si ce n'est que Cypris quelque-fois ne m'offence,

   S'il me surmonte vn coup il me faudra chanter,
Car ie ne sçaurois pas contre luy resister,
Veu qu'il a sur les Dieux souueraine puissance.

CLARVS VATES ORBIS
FIN.

www.ingramcontent.com/pod-product-compliance
Lightning Source LLC
LaVergne TN
LVHW021657170726
843501LV00007B/2624